Impressum
Verlag: BABADADA GmbH, Nedderfeld 112 , 22529 Hamburg
Geschäftsführer / Verlagsleitung: Harald Hof
Druck: Books on Demand GmbH, In de Tarpen 42, 22848 Norderstedt

Imprint
Publisher: BABADADA GmbH, Nedderfeld 112 , 22529 Hamburg, Germany
Managing Director / Publishing direction: Harald Hof
Print: Books on Demand GmbH, In de Tarpen 42, 22848 Norderstedt

l'école

мактаб

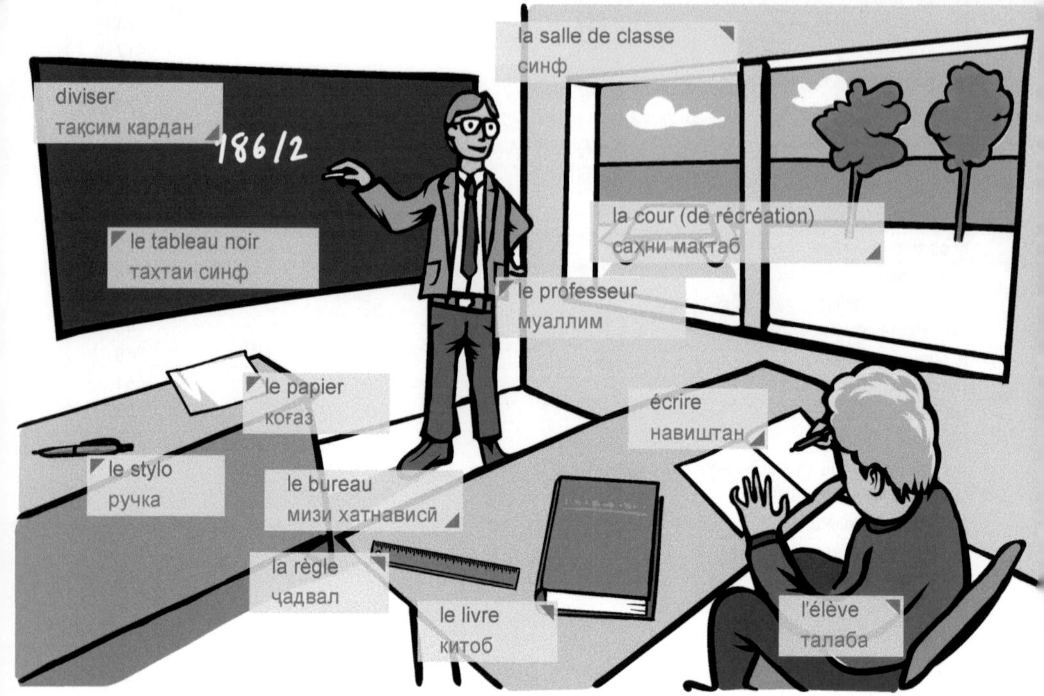

la salle de classe
синф
diviser
тақсим кардан
186/2
le tableau noir
тахтаи синф
la cour (de récréation)
саҳни мактаб
le professeur
муаллим
le papier
коғаз
écrire
навиштан
le stylo
ручка
le bureau
мизи хатнависӣ
la règle
ҷадвал
le livre
китоб
l'élève
талаба

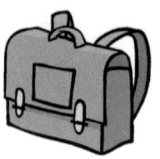

le cartable

ҷузвдон

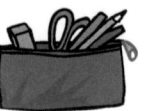

la trousse

қаламдон

le crayon

қалам

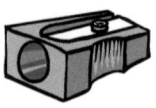

le taille-crayon

қаламтезкунак

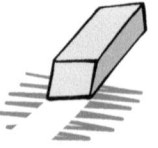

la gomme

хаткуркунак

le carnet à dessin

блокноти расмкашӣ

le dessin

расм

le pinceau

мӯқалами рассомӣ

la boîte de peinture

қуттии рангҳо

les ciseaux

қайчӣ

la colle

ширеш

le cahier d'exercices

дафтари машқ

les devoirs

вазифаи хонагӣ

le chiffre

рақам

additionner

ҷамъ кардан

soustraire

кам кардан

multiplier

зарб задан

calculer

ҳисоб кардан

la lettre

ҳарф

ABCDEFG
HIJKLMN
OPQRSTU
VWXYZ

l'alphabet

алфавит

hello

le mot

калима

l'école - мактаб

3

le texte

матн

lire

хондан

la craie

бӯр

la leçon

дарс

le livre de classe

журнали синфӣ

l'examen

имтиҳон

le certificat

шаҳодатнома

l'uniforme scolaire

либоси мактабӣ

la formation

таҳсил/маориф

le lexique

энсиклопедия

l'université

донишгоҳ

le microscope

микроскоп (more frequently used)

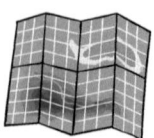

la carte

харита

la corbeille à papier

сабади партофҳои коғазӣ

le voyage
саёҳат

l'hôtel
меҳмонхона
Grand
l'auberge
хобгоҳ
ROOMS
le bureau de change
нуқтаи мубодилаи асъор
EXCHANGE
la valise
чамадон
la voiture
мошин

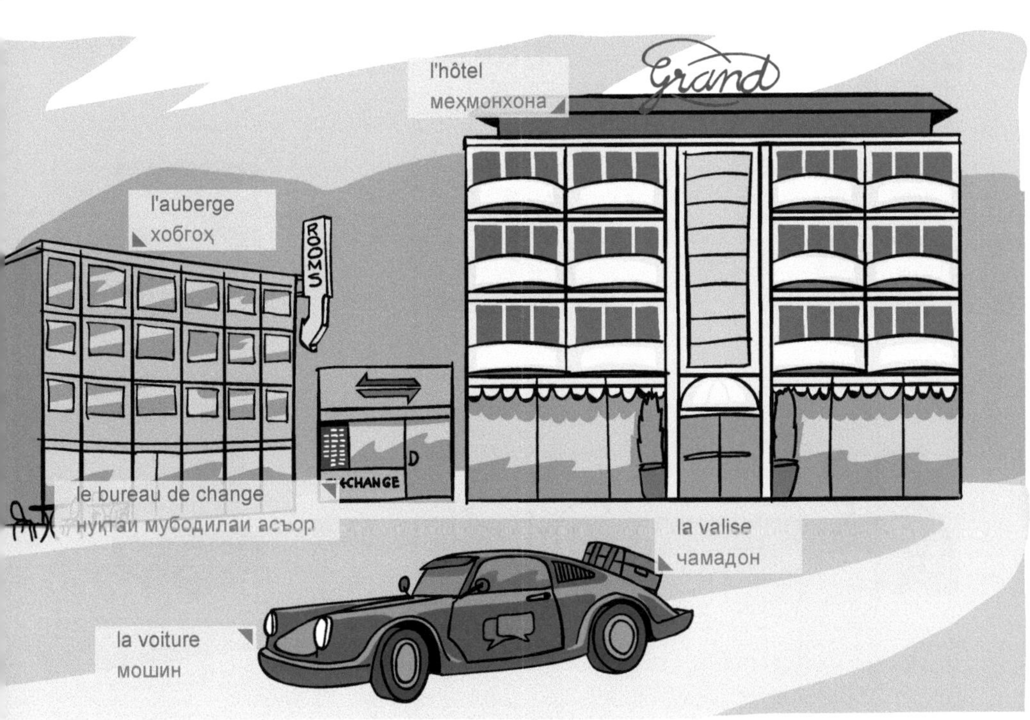

la langue

забон

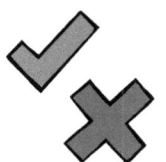

oui / non

ҳа / не

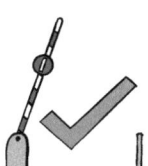

d'accord

Хуб

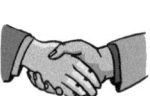

Salut

Ассалому алейкум

l'interprète

тарҷумон

merci

Раҳмат

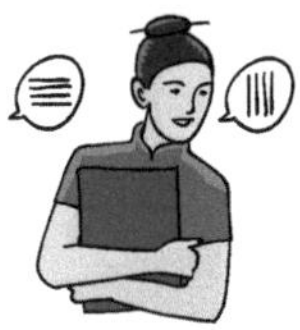

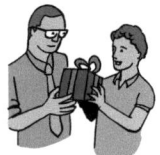

Combien coûte...?

чӣ қадар аст ...?

Je ne comprends pas

Ман намефаҳмам

le problème

проблема

Bonsoir !

шаб ба хайр!

Bonjour !

субҳ ба хайр

Bonne nuit !

шаби хуш

Au revoir

хайр

la direction

равона

les bagages

бағоҷ

le sac

ҷузвдон

le sac-à-dos

борхалта

l'hôte

меҳмон

la pièce

хона

le sac de couchage

хобхалта

la tente

хайма

l'office de tourisme

маълумоти сайёҳӣ

la plage

соҳил

la carte de crédit

корти кредитӣ

le petit-déjeuner

наҳорӣ

le déjeuner

хӯроки пешин

le dîner

хӯроки шом

le billet

чипта

l'ascenseur

лифт

le timbre

марка

la frontière

сарҳад

la douane

Гумрук

l'ambassade

сафорат

le visa

раводид

le passeport

шиноснома

le transport

нақлиёт

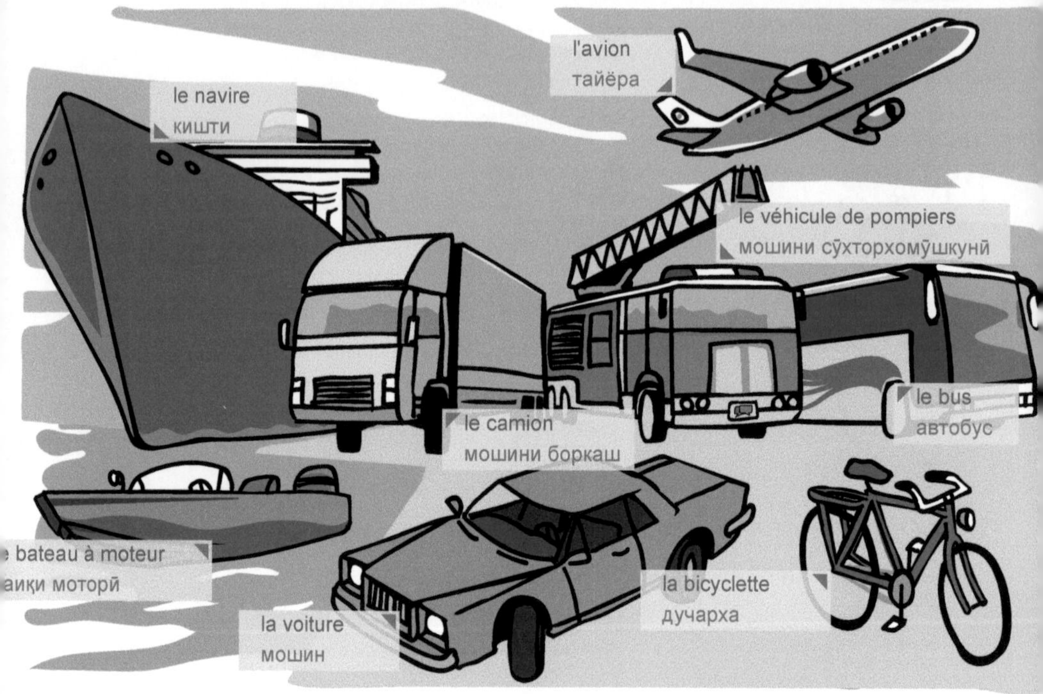

l'avion
тайёра
le navire
кишти
le véhicule de pompiers
мошини сӯхторхомӯшкунӣ
le bus
автобус
le camion
мошини боркаш
bateau à moteur
аиқи моторӣ
la bicyclette
дучарха
la voiture
мошин

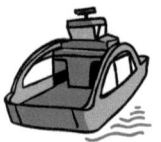

le ferry

паром

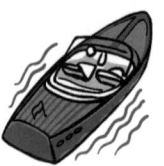

la barque

қаиқ

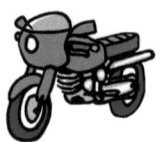

la moto

мотосикл

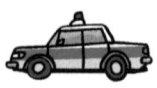

la voiture de police

мошини полис

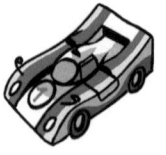

la voiture de course

мошини тезрави пойгаи

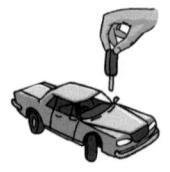

la voiture de location

кирояи мошинҳо

l'auto-partage

ҳамроҳ истифодабарии мошин

la voiture de remorquage

эвакуатор

la benne à ordures

павтовҷамъкунӣ

le moteur

муҳаррик

l'essence

сӯзишворӣ

la station d'essence

нуқтаи фурӯши сӯзишворӣ

le panneau indicateur

аломати роҳ

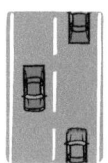

le trafic

ҳаракат

l'embouteillage

бандшавии ҳаракати роҳ

le parking

ҷои исти мошинҳо

la gare

истгоҳи роҳи оҳан

les rails

роҳи оҳан

le train

қатора

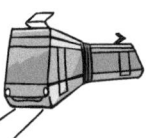

le tramway

тамвай

le wagon

вагон

le transport - нақлиёт　　　　9

l'hélicoptère

чархбол

l'aéroport

фурудгоҳ

la tour

манора

le passager

мусофир

le conteneur

контейнер

le carton

қутии картонӣ

le chariot

ароба

la corbeille

сабад

décoller / atterrir

гирифтан / замин

la ville

шаҳр

le village

деҳа

le centre-ville

маркази шаҳр

la maison

хона

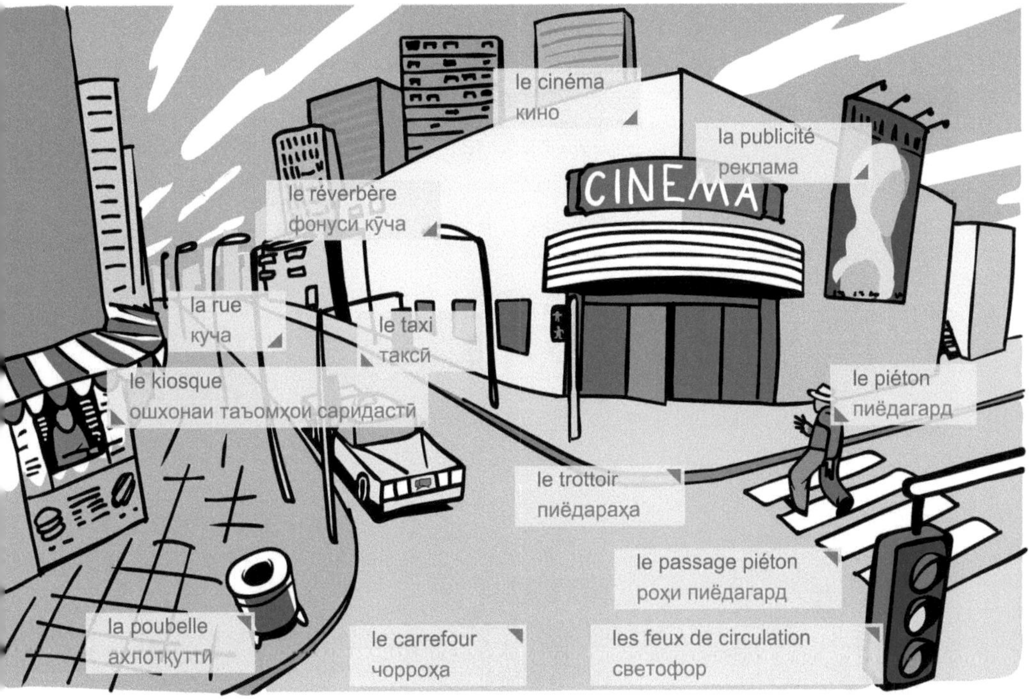

le cinéma
кино

la publicité
реклама

le réverbère
фонуси кӯча

CINEMA

la rue
кӯча

le taxi
таксӣ

le kiosque
ошхонаи таъомхои саридастӣ

le piéton
пиёдагард

le trottoir
пиёдараҳа

le passage piéton
роҳи пиёдагард

la poubelle
ахлоткуттӣ

le carrefour
чорроҳа

les feux de circulation
светофор

la cabane
кулба

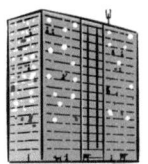

l'appartement
ҳамвор

la gare
истгоҳи роҳи оҳан

la mairie
бинои маъмурияти шаҳр

le musée
осорхона

l'école
мактаб

la ville - шаҳр

11

l'université

донишгоҳ

la banque

бонк

l'hôpital

бемористон

l'hôtel

меҳмонхона

la pharmacie

доухона

le bureau

идора

la librairie

сехи китоб

le magasin

сехи

le fleuriste

мағозаи гулфурӯшӣ

le supermarché

супермаркет

le marché

бозор

le grand magasin

универмаг

la poissonnerie

мағозаи моҳифурӯшӣ

le centre commercial

маркази савдо

le port

бандар

le parc

парк

la banque

бонк

le pont

пул

les escaliers

зинапоя

le métro

метро

le tunnel

нақби

l'arrêt de bus

истгоҳи автобус

le bar

бар

le restaurant

тарабхона

la boîte à lettres

қуттии почта

le panneau indicateur

аломати номи кӯчаҳо

le parcmètre

ҳисобкунаки исти мошинҳо

le zoo

боғи ҳайвонот

le réverbère

ҳавзи шиноварй

la mosquée

масҷид

la ville - шаҳр

13

la ferme
ферма

la pollution
ифлоскунй

la cimetière
қабристон

l'église
калисо

l'aire de jeux
майдончаи бозй

le temple
маъбад

le paysage
ландшафт

la feuille
барг

le panneau indicateur
аломати рохнамо

le chemin
рох

le pré
алафзор

la pierre
санг

le randonneur
сайёх

l'arbre
дарахт

la rivière
дарё

l'herbe
алаф

la fleur
гул

la vallée

водй

la montagne

кӯҳ

le lac

кул

la forêt

беша

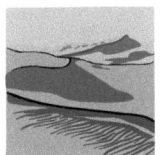

le désert

биёбон

le volcan

вулкан

le château

қалъа

l'arc-en-ciel

рангинкамон

le champignon

занбӯруғ

le palmier

дарати нахл

le moustique

хомӯшак

la mouche

паридан

les fourmis

мурча

l'abeille

занбур

l'araignée

тортанак

le coléoptère

гамбӯсак

la grenouille

қурбоққа

l'écureuil

санчоб

le hérisson

хорпушт

le lièvre

харгӯш

la chouette

бум

l'oiseau

парранда

le cygne

мурғи қу

le sanglier

хуки ваҳшй

le cerf

оху

l'élan

гавазн

le barrage

сарбанд

l'éolienne

турбина шамол

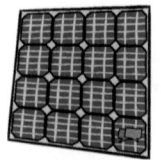

le panneau solaire

панел офтобй

le climat

иқлим

le serveur
пешхизмат

le menu
меню

la chaise
курсӣ

la soupe
шӯрбо

la pizza
Pizza

les couverts
асбобу анҷоми хӯрокхӯрӣ

la nappe
дастархон

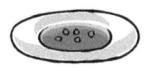

les hors d'œuvre

стартер/корандоз

le plat principal

хӯроки асосӣ

le dessert

десерт

les boissons

нӯшокиҳои

l'alimentation

таъом

la bouteille

шиша

le fast-food

Хӯроки Тез Таёр мешуда

les plats à emporter

хӯроки кӯчагӣ

la théière

чойник

le sucrier

шакардон

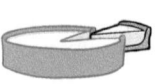

la portion

қисм/порча

la machine à expresso

мошини espresso

la chaise haute

курсии кӯдакона

la facture

ҳисоб

le plateau

зарфмонак

le couteau

корд

la fourchette

чангол

la cuillère

қошуқ

la cuillère à thé

қошуқча

la serviette

сачоқи қоғазӣ

le verre

истакон

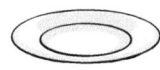

l'assiette

табақча

l'assiette à soupe

косача

la soucoupe

тақсимча

la sauce

соус

la salière

намакдон

le moulin à poivre

мурчдон

le vinaigre

сирко

l'huile

равғани растанӣ

les épices

приправа

le ketchup

кетчуп

la moutarde

хардал

la mayonnaise

майонез

le supermarché

супермаркет

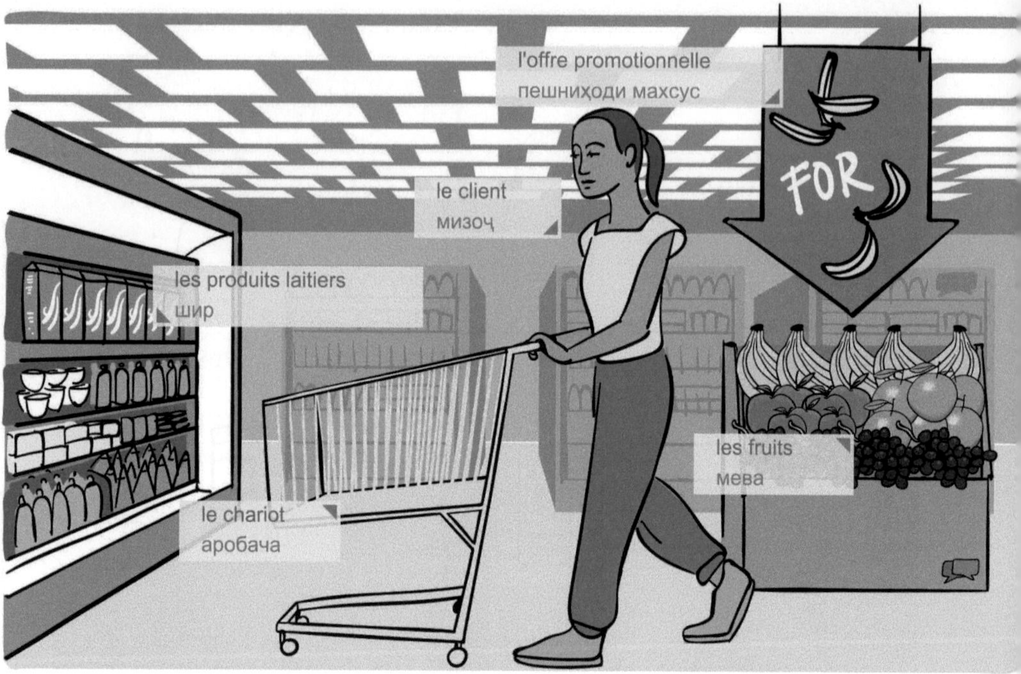

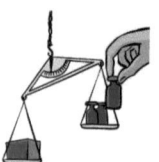

l'offre promotionnelle
пешниҳоди махсус
FOR
le client
мизоҷ
les produits laitiers
шир
les fruits
мева
le chariot
аробача

BUTCHERS

la boucherie

дукони гӯштфурӯшӣ

BAKERY

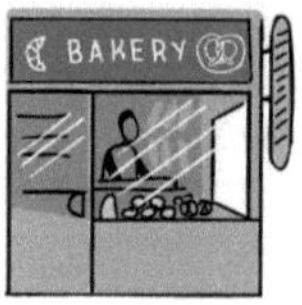

la boulangerie

дукони нонфурӯшӣ

peser

баркашидан

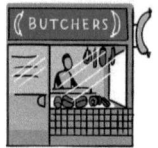

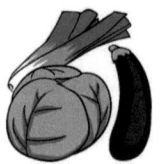

les légumes

сабзавот

la viande

гӯшт

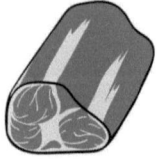

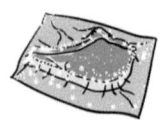

les aliments surgelés

хӯроки яхбаста

la charcuterie

тилимҳои борик буридаи гушт

les conserves

озуқаворӣ консервонидашуда

la poudre à lessive

хокаи либосшӯй

les bonbons

ширинӣ

les articles ménagers

асбоби рӯзгор

les détergents

воситаҳои тозакунанда

la vendeuse

фурӯшанда

la caisse

касса

le caissier

кассир

la liste d'achats

рӯихати харидкунӣ

les heures d'ouverture

соат ифтитоҳи

le portefeuille

ҳамён

la carte de crédit

корти кредитӣ

le sac

ҷуздо

le sac en plastique

пакет

le supermarché - супермаркет

21

les boissons

нӯшокиҳои

l'eau

об

le jus de fruit

шарбат

le lait

шир

le coca

кола

le vin

шароб

la bière

оби ҷав

l'alcool

машрубот

le chocolat chaud

какао

le thé

чой

le café

қаҳва

l'expresso

эспрессо

le cappuccino

каппучино

la banane

банан

la pomme

себ

l'orange

норанчӣ

le melon

харбуза

le citron.

лимӯ

la carotte

сабзӣ

l'ail

сир

le bambou

бамбук

l'oignon

пиёз

le champignon

занбӯруғ

les noisettes

чормағз

les pâtes

угро

les spaghetti

спагеттй

le riz

биринҷ

la salade

салат

les pommes frites

картошкаи қоқак

les pommes de terre rôties

картошкабирён

la pizza

Pizza

le hamburger

гамбургер

le sandwich

бутербурод

l'escalope

шнитсел

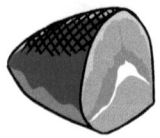

le jambon

гӯшти намакардаи хук

le salami

ҳасиби салямй

la saucisse

ҳасиб

le poulet

мурғ

le rôti

кабоб

le poisson

моҳй

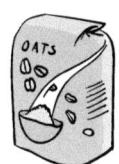

les flocons d'avoine

ярмаи чав

le muesli

омехтаи ғалладонагӣ

les cornflakes

ярмаи чуворимакка

la farine

орд

le croissant

кулчақанд

les petits-pains

кулчақанд

le pain

нон

le pain grillé

як порча нони бирён

les biscuits

кулчачаҳои қандин

le beurre

маска

le fromage blanc

творог

le gâteau

пирог

l'œuf

тухм

l'œuf au plat

тухм бирён

le fromage

панир

la glace

яхмос

le sucre

шакар

le miel

асал

la confiture

мураббо

la crème nougat

хамираи ҳалво

le curry

Curry

la ferme
ферма

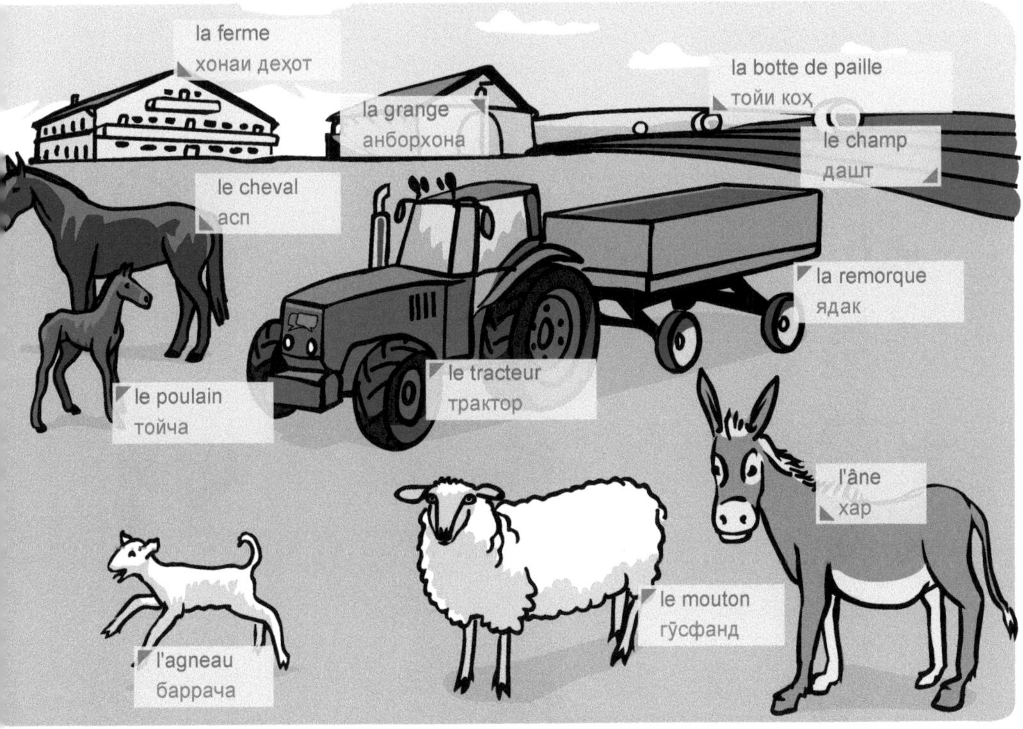
la ferme
хонаи деҳот
la grange
анборхона
la botte de paille
тойи коҳ
le champ
дашт
le cheval
асп
la remorque
ядак
le tracteur
трактор
le poulain
тойча
l'âne
хар
le mouton
гўсфанд
l'agneau
баррача

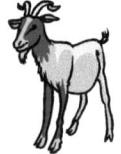

la chèvre

буз

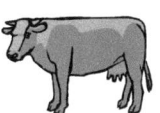

la vache

гов

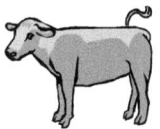

le veau

гўсола

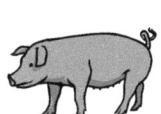

le porc

хук

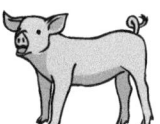

le porcelet

хукча

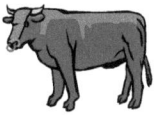

le taureau

буққа

l'oie

қоз

le canard

мурғобӣ

le poussin

чӯча

la poule

мурғ

le coq

хурӯс

le rat

каламуш

le chat

гурба

la souris

муш

le bœuf

барзагов

le chien

саг

le chenil

хоначаи саг

le tuyau de jardin

рӯдаи резинӣ

l'arrosoir

камобӣ метавонад

la faucheuse

дос

la charrue

сипори шудгоркунии
замин

la faucille

доси

la pioche

каланд

la fourche

панчшоха

la hache

табар

la brouette

ароба

la cuve

охур

le pot à lait

зарфи ширгирй

le sac

халта

la clôture

девор

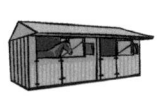

l'étable

мӯътадил

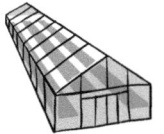

le serre

гармхона

le sol

хок

les semences

тухмй

l'engrais

нурихо

la moissonneuse-batteuse

комбайни ғаллағундорй

récolter

ҳосил

la récolte

ҳосил

l'igname

yams

le blé

гандум

le soja

лубиж

la pomme de terre

картошка

le maïs

чуворй

le colza

донаи маъсар

l'arbre fruitier

дарахти мева

le manioc

manioc

les céréales

ғалладона

la maison
хона

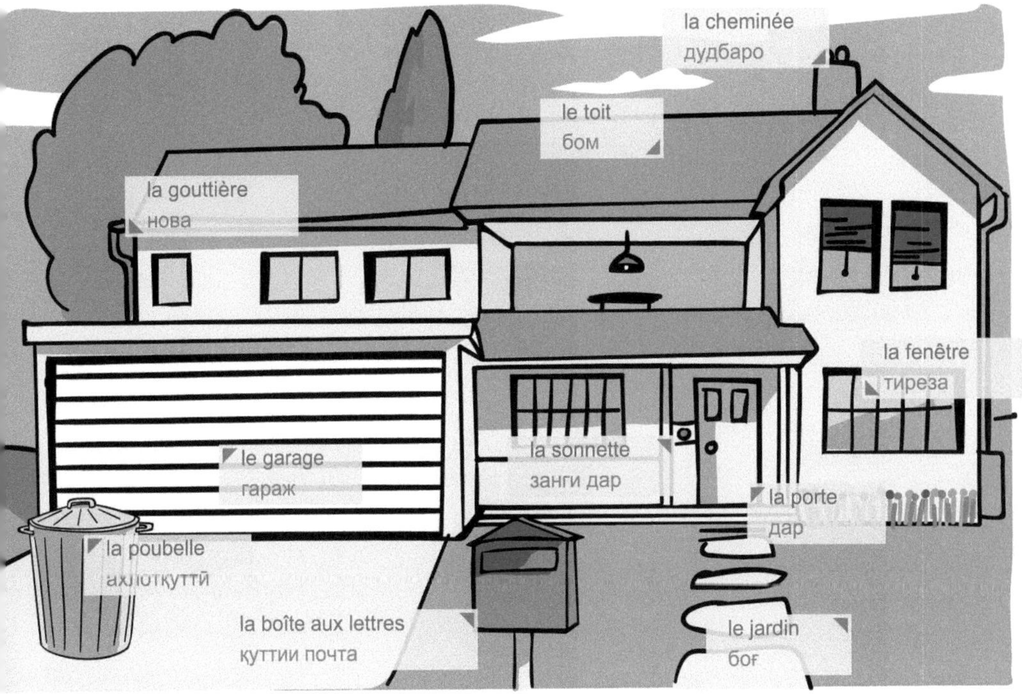

la cheminée
дудбаро
le toit
бом
la gouttière
нова
la fenêtre
тиреза
le garage
гараж
la sonnette
занги дар
la porte
дар
la poubelle
ахлотқуттӣ
la boîte aux lettres
қуттии почта
le jardin
боғ

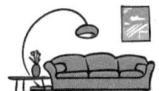

le salon
мехмонхона

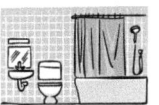

la salle de bain
ҳамом

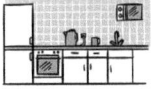

la cuisine
ошхона

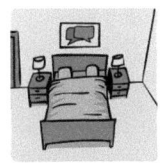

la chambre à coucher
хонаи хоб

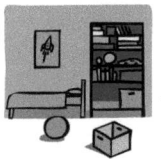

la chambre d'enfant
ҳуҷраи кӯдакона

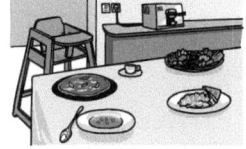

la salle à manger
ошхона

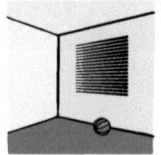

le sol

ошёна

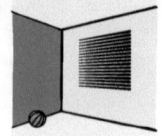

le mur

девор

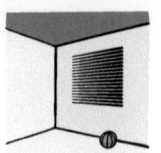

le plafond

шифт

la cave

тагзаминй

le sauna

сауна

le balcon

балкон

la terrasse

суфача

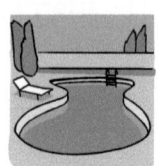

la piscine

ҳавз

la tondeuse à gazon

мошини алафдарав

la housse

варақ

la couette

кампал

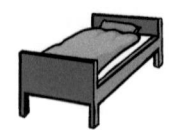

le lit

кат

le balai

ҷорўб

le sceau

сатил

l'interrupteur

калид

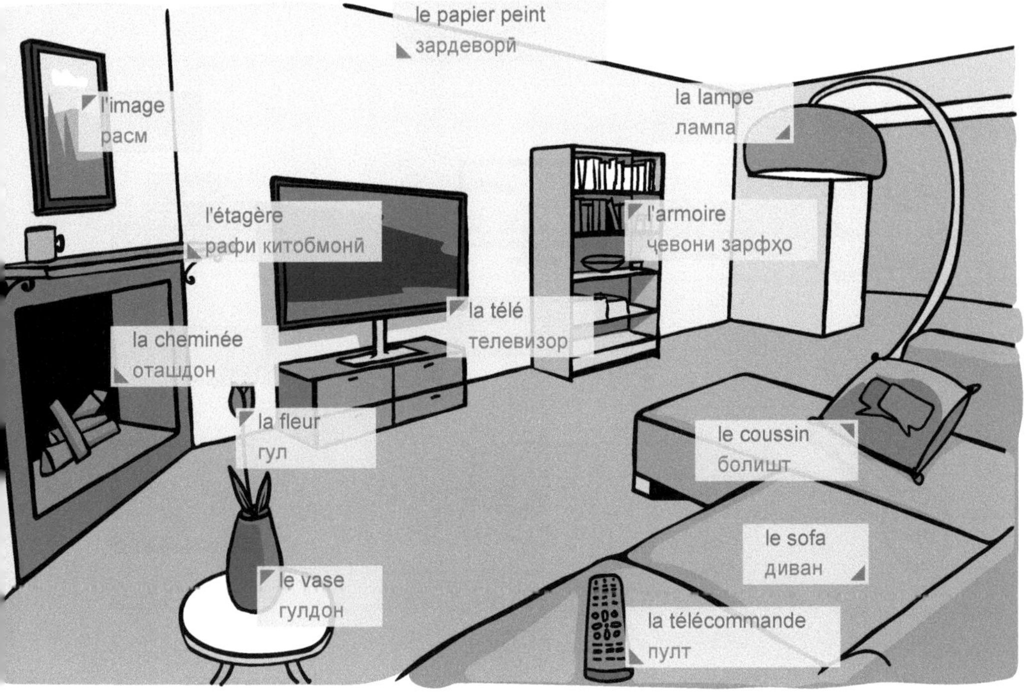

le papier peint
зардеворӣ

l'image
расм

la lampe
лампа

l'étagère
рафи китобмонӣ

l'armoire
чевони зарфхо

la télé
телевизор

la cheminée
оташдон

la fleur
гул

le coussin
болишт

le sofa
диван

le vase
гулдон

la télécommande
пулт

le tapis
қолин

le rideau
парда

la table
мизи

la chaise
курсӣ

la chaise à bascule
rocking кафедраи

le fauteuil
курсӣ

le livre

китоб

la couverture

курпа

la décoration

ороиш

le bois de chauffage

ҳезум

le film

филм

la chaîne hi-fi

дастгоҳи hi-fi

la clé

калид

le journal

рӯзнома

la peinture

расм

le poster

эълон

la radio

радио

le bloc-notes

китобчаи қайдҳо

l'aspirateur

чангкашак

le cactus

кактус

la bougie

шам

la cuisine
ошхона

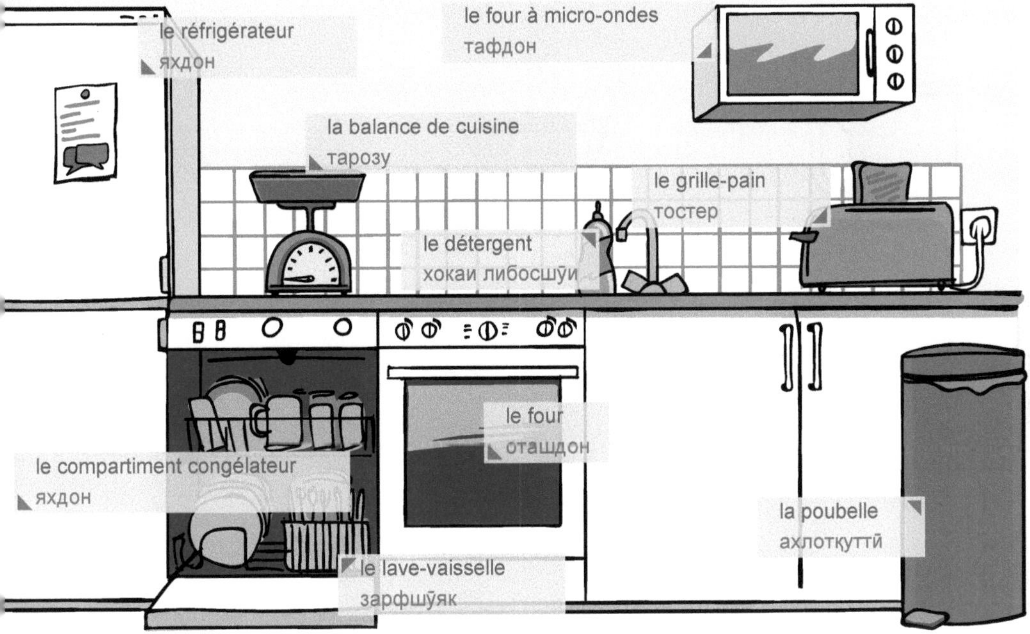
le réfrigérateur
яхдон
le four à micro-ondes
тафдон
la balance de cuisine
тарозу
le grille-pain
тостер
le détergent
хокаи либосшӯи
le four
оташдон
le compartiment congélateur
яхдон
la poubelle
ахлоткуттӣ
le lave-vaisselle
зарфшӯяк

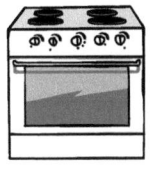

le four

плита

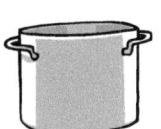

la casserole

тубак

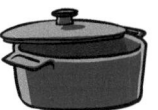

la marmite

дег

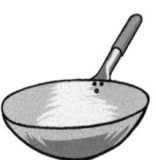

le wok / kadai

дег / кадй

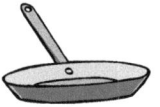

la poêle

тоба

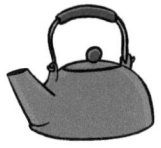

la bouilloire electrique

чойник

le cuiseur vapeur

steamer

la plaque de cuisson

лист

la vaisselle

зарф

le gobelet

кружка

la coupe

коса

les baguettes

чубаки хурокхӯрӣ

la louche

кафлези

la spatule

кафлези ҳамвор

le fouet

whisk

la passoire

strainer

le tamis

элак

la râpe

турбтарошак

le mortier

миномет

le barbecue

Кабоб Кардан

la cheminée

оташ кушод

la planche à découper

тахтаи резакунй

le rouleau à pâtisserie

чӯба

le tire-bouchon

пӯккашак

la boîte

банка

l'ouvre-boîte

консервокушояк

les maniques

дастак

le lavabo

дастшӯяк

la brosse

чӯтка

l'éponge

исфанч

le mixeur

блендер

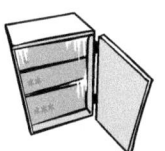

le congélateur

сармодон

le biberon

шишача

le robinet

чумак

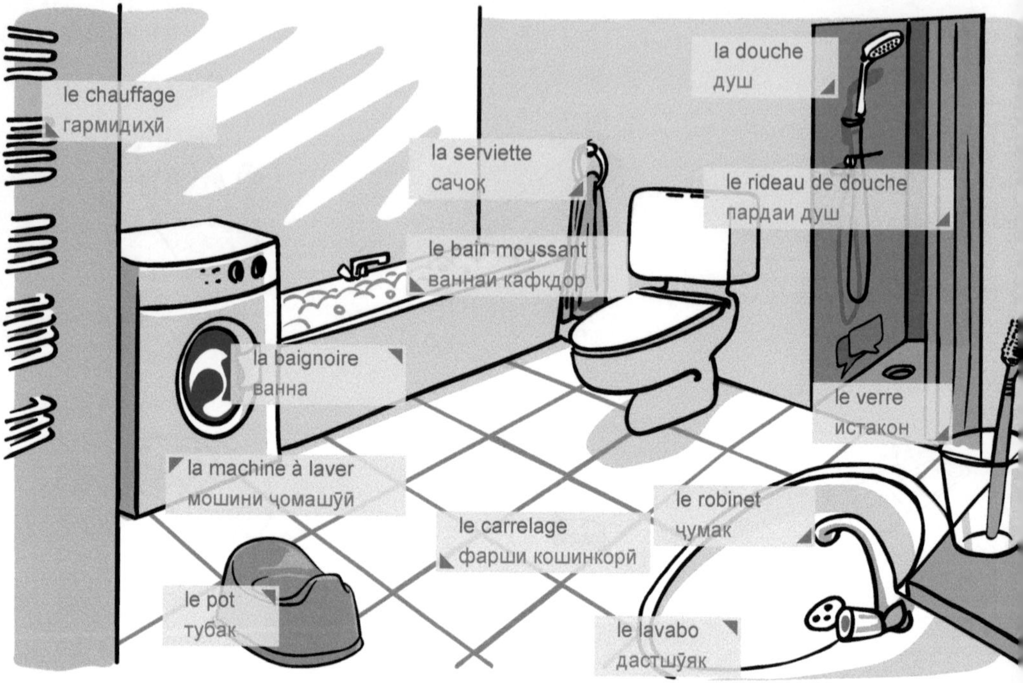

la salle de bain

ҳамом

le chauffage
гармидиҳӣ

la douche
душ

la serviette
сачоқ

le rideau de douche
пардаи душ

le bain moussant
ваннаи кафкдор

la baignoire
ванна

le verre
истакон

la machine à laver
мошини ҷомашӯй

le robinet
чумак

le carrelage
фарши кошинкорӣ

le pot
тубак

le lavabo
дастшӯяк

les toilettes

ҳоҷатхона

la toilette à la turque

нишастгоҳи халоҷои рӯйфаршӣ

le bidet

биде

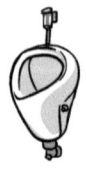

l'urinoir

ҳоҷатхонаи мардона

le papier toilette

коғази ташноб

la brosse à toilette

чӯткаи ҳоҷатхона

la brosse à dents

дандоншӯяк

le dentifrice

хамираи дандоншӯи

le fil dentaire

риштаи дандонтозакунӣ

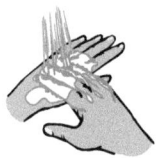

laver

шӯстан

la douche manuelle

души дастӣ

la douche intime

обшӯй

la vasque

ҳавза

la brosse dorsale

шона кардани мӯй

le savon

собун

le gel douche

гел барои душ

le shampooing

шампун

le gant de toilette

бумазӣ

l'écoulement

заҳкаш

la crème

крем

le déodorant

дезодорант

le miroir

оина

le miroir cosmétique

оинаи дастӣ

le rasoir

риштарошаки барқи

la mousse à raser

кафк барои риштарошӣ

l'après-rasage

оби мушкини баъди риштарошӣ

la peigne

шона

la brosse

чӯтка

le sèche-cheveux

мӯйхушкунак

la laque pour cheveux

лак барои мӯй

le fond de teint

косметика

le rouge à lèvres

лабсурхкунак

le vernis à ongles

лок барои нохун

l'ouate

пахта

le coupe-ongles

қайчии нохунгирӣ

le parfum

атриёт

la trousse de toilette

ҷузвдони косметики

le tabouret

қазои ҳоҷат

le pèse-personne

тарозу

le peignoir

хилъат

les gants de nettoyage

дастпӯшак резина

le tampon

тампон

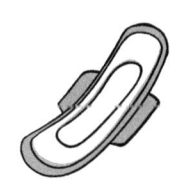

les serviettes hygiéniques

дастмоли санитарй

la toilette chimique

био-ҳоҷатхона

la chambre d'enfant
хучраи кӯдакона

le réveil
соати рӯимизии зангдор

le doudou
бозичаи мулоим

la voiture jouet
мошини бозича

le hochet
тиқ-тиқ кардан

la maison de poupée
хоначаи бозичагӣ

le cadeau
хузур

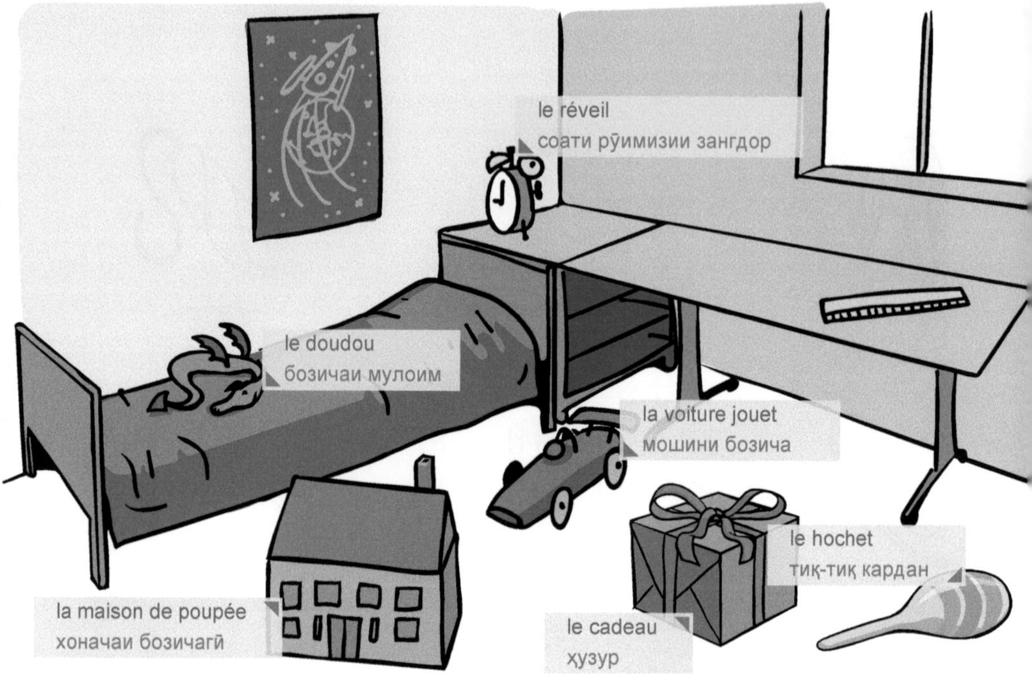

le ballon

пуфак

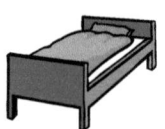

le lit

кат

la poussette

аробочаи кудакона

le jeu de cartes

мачмӯи кортхо

le puzzle

бозии муамоёбӣ

la bande dessinée

комикс

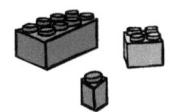

les pièces lego

хиштҳои лего

les blocs de construction

мағозаи бозичафурӯхтан

la figurine

рақам амал

la grenouillère

либоси ғаваккашй

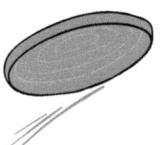

le frisbee

фрисби

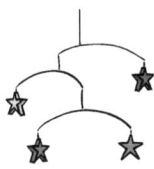

le mobile

мобилй

le jeu de société

лавҳачаи бозй

le dé

кубик

le train miniature

маҷмӯи модели қатора

la sucette

пистонак

la fête

ҳизб

le livre d'images

китоби расм

la balle

тӯб

la poupée

лӯхтак

jouer

бози кардан

le bac à sable

қуттии рег

la balançoire

арғунчак

les jouets

бозича

la console de jeu

консоли бозиҳои видеой

le tricycle

велосипеди сечарха

l'ours en peluche

хирсаки бахмалии патдор

l'armoire

чевон

les vêtements

либос

les chaussettes

чуроб

les bas

чуроби соқбаланд

le collant

колготки

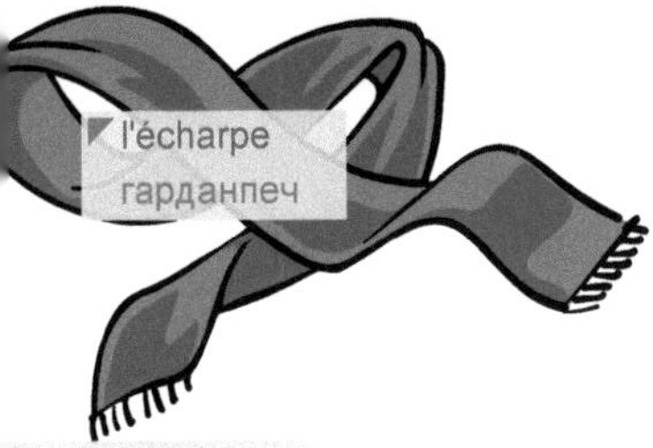

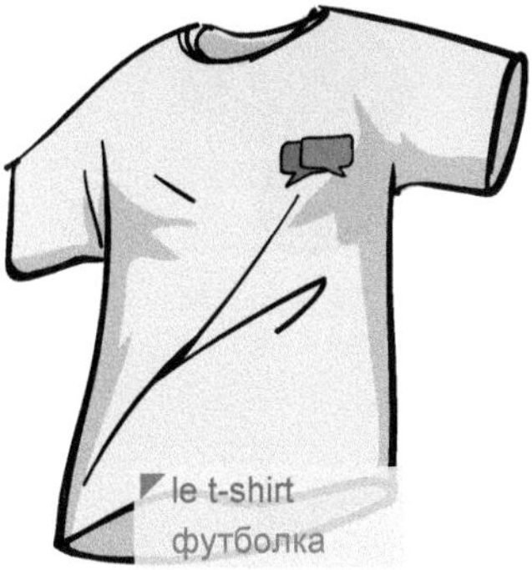

l'écharpe
гарданпеч

la ceinture
тасма

le parapluie
чатр

le t-shirt
футболка

les baskets
кроссовки

les bottes
пойафзол

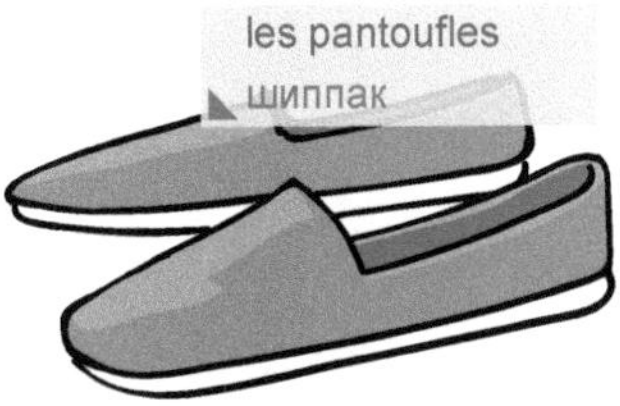

les pantoufles
шиппак

les sandales

босоножкй

les chaussures

пойафзол

les bottes de caoutchouc

музаи резинй

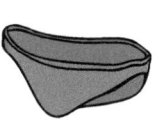

les sous-vêtements

турсй

le soutien-gorge

синабанд

le maillot de corps

майка

les vêtements - либос   45

le body

бадан

le pantalon

шим

le jean

чинс

la jupe

юбка

le chemisier

куртаи нимтаи занона

la chemise

курта

le pull

свитер

le sweat à capuche

свитер

la veste

пичак

la veste

нимтана

le manteau

палто

l'imperméable

плаш

le costume

костюм

la robe

куртаи занона

la robe de mariée

либос тӯйи

le costume

костюм

la chemise de nuit

куртаи хоб

le pyjama

пижама

le sari

Сари

le foulard

рӯймол

le turban

салла

la burqa

ниқобу

le caftan

кафтан

l'abaya

абая

le maillot de bain

либоси обозӣ

le maillot de bain

эзорчаи шиноварии мардона

le short

шорти

la tenue d'entraînement

либоси варзишӣ

le tablier

пешбанд

les gants

дастпӯшак

le bouton

тугма

les lunettes

айнак

le bracelet

дастпона

le collier

гарданбанд

la bague

ангуштарин

la boucle d'oreille

гӯшвора

le bonnet

кулоҳ

le cintre

либосовезак

le chapeau

кулоҳ

la cravate

галстук

la fermeture éclair

занҷирак

le casque

тоскулоҳ

les bretelles

шимбардор

l'uniforme scolaire

либоси мактабӣ

l'uniforme

либоси

le bavoir
пешгир

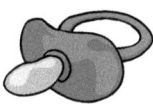

la sucette
пистонак

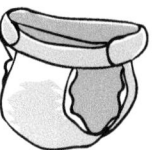

la lange
подгузник

le bureau
идора

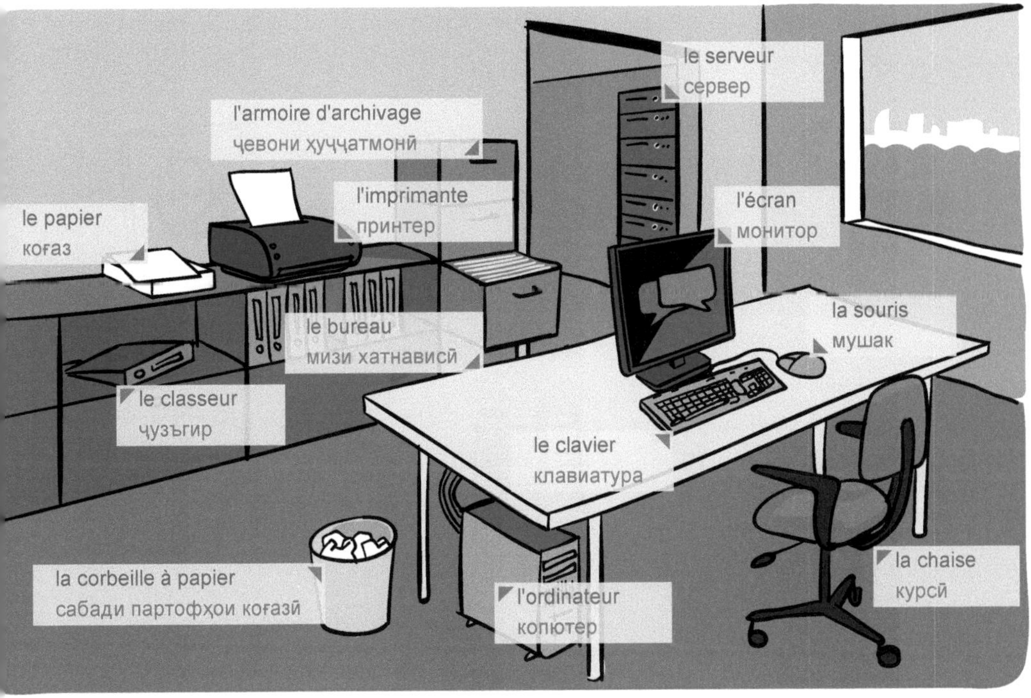

l'armoire d'archivage
чевони хуччатмонй

le serveur
сервер

l'imprimante
принтер

l'écran
монитор

le papier
коғаз

le bureau
мизи хатнависй

la souris
мушак

le classeur
чузъгир

le clavier
клавиатура

la corbeille à papier
сабади партофхои коғазй

l'ordinateur
копютер

la chaise
курсй

la tasse de café
кружкаи қаҳванӯшӣ

la calculatrice
калкулятор

l'internet
интернет

l'ordinateur portable

ноутбук

la lettre

мактуб

le message

хабар

le portable

телефони мобилй

le réseau

шабака

la photocopieuse

нусхабардор

le logiciel

нармафзор

le téléphone

телефон

la prise

розетка

le fax

факс

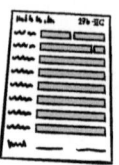

le formulaire

шакл

le document

хуччат

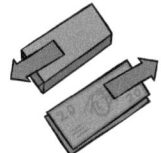

acheter

харидан

payer

пардохт

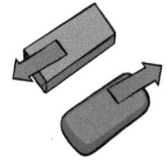

faire du commerce

савдо

la monnaie

пул

 USD

le dollar

доллар

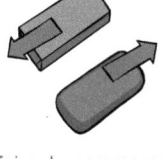 EUR

l'euro

евро

 JPY

le yen

йен

 RUB

le rouble

рубл

 CHF

le franc suisse

франки швейцариягӣ

 CNY

le renminbi yuan

юан

 INR

la roupie

рупӣ

le distributeur automatique

нук̨таи нак̨д

le bureau de change

нуқтаи мубодилаи асъор

l'or

тилло

l'argent

нуқра

le pétrole

равғани растанӣ

l'énergie

энерги

le prix

нарх

le contrat

шартнома

la taxe

андоз

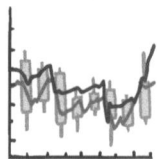

l'action

саҳмия

travailler

кор

l'employé

хизматчӣ

l'employeur

соҳибкор

l'usine

завод

le magasin

сехи

l'agent de police
корманди полис

le pompier
сӯхторхомушкун

le cuisinier
ошпаз

le médecin
духтур

le pilote
халабон

le jardinier

боғбон

le menuisier

чӯбтарош

la couturière

дӯзанда

le juge

судя

le chimiste

кимиёшинос

l'acteur

актер

le conducteur de bus

ронандаи автобус

le chauffeur de taxi

таксист

le pêcheur

моҳигир

la femme de ménage

фаррошзан

le couvreur

устои бомпӯш

le serveur

пешхизмат

le chasseur

шикорчӣ

le peintre

расом

le boulanger

нонвой

l'électricien

барқ

l'ouvrier

сохтмончӣ

l'ingénieur

инженер

le boucher

қассоб

le plombier

устои шабакаи об

le facteur

хаткашон

le soldat

сарбоз

l'architecte

меъмор

le caissier

кассир

le fleuriste

гулфурӯш

le coiffeur

сартарош

le contrôleur

кондуктор

le mécanicien

механик

le capitaine

капатан

le dentiste

духтури дандон

le scientifique

олим

le rabbin

хохом

l'imam

имом

le moine

шайх

le prêtre

саркоҳин

les outils

асбобхо

le marteau
болғача

les pinces
анбӯри паҳннӯл

le tournevis
мурваттобак

la clé
калиди гайкатобӣ

la torche
фонуси дастӣ

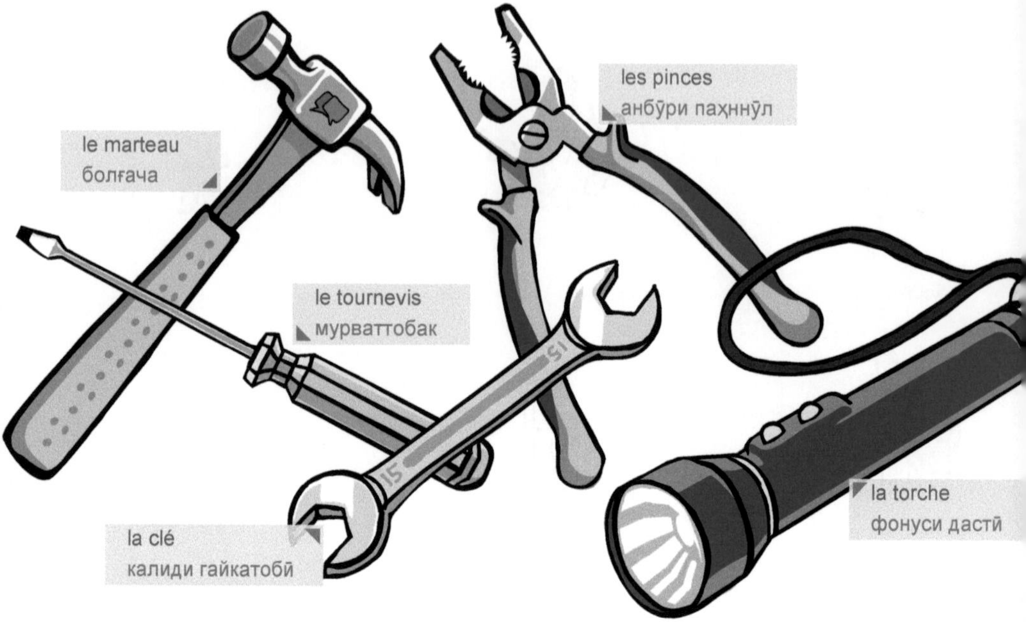

la pelleteuse

экскаватор

la boîte à outils

қутии асбобхо

l'échelle

зинапоя

la scie

арра

les clous

меххо

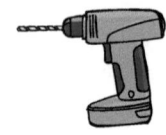

la perceuse

пармаи электрикӣ

56 les outils - асбобхо

réparer

таъмир

la pelle

бел

Mince !

Сабил монад!

la pelle

белчаи хокрӯбагирй

le pot de peinture

сатили ранг

les vis

мехи печдор

les instruments de musique
асбобҳои мусиқӣ

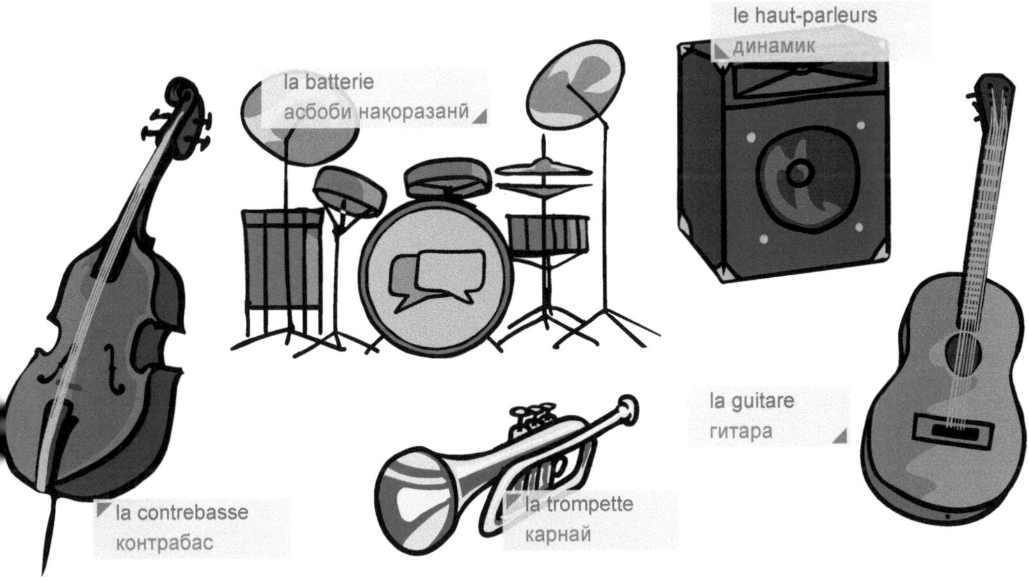

la batterie
асбоби нақоразанй

le haut-parleurs
динамик

la guitare
гитара

la contrebasse
контрабас

la trompette
карнай

le piano

пианино

le violon

ғиччак

la basse

бас-гитара

les timbales

нақораи поядор

le tambour

нақора

le piano électrique

клавиатура

le saxophone

саксофон

la flûte

най

le microphone

баландгӯяд

le zoo

боғи ҳайвонот

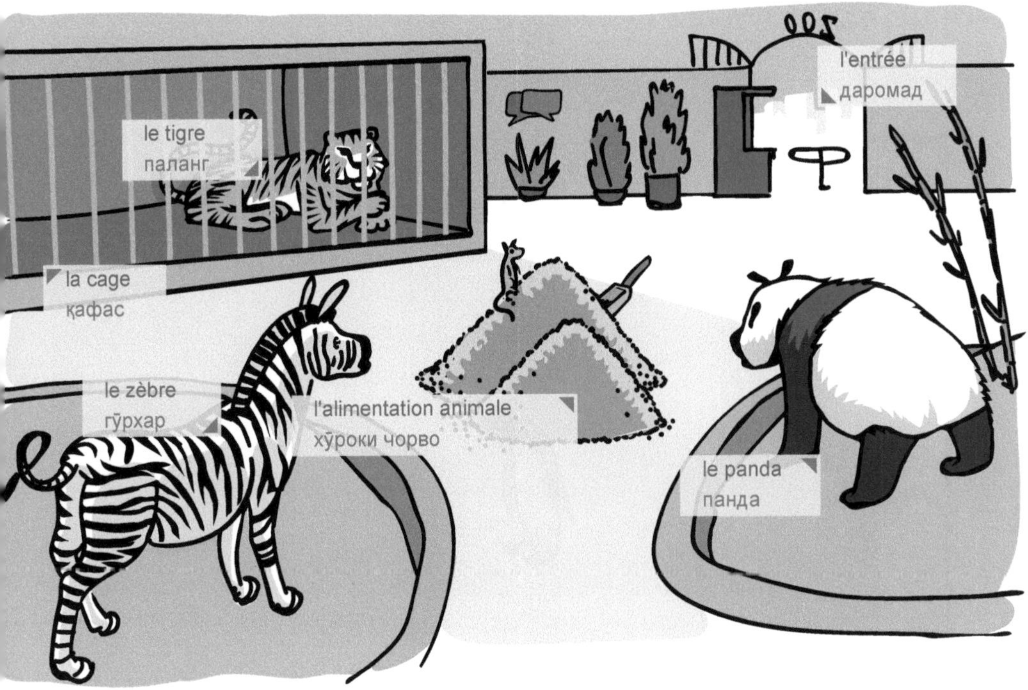

l'entrée
даромад
le tigre
паланг
la cage
қафас
le zèbre
гӯрхар
l'alimentation animale
хӯроки чорво
le panda
панда

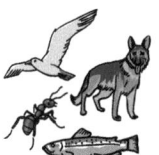

les animaux

ҳайвонот

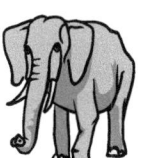

l'éléphant

фил

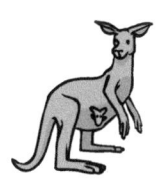

le kangourou

кенгуру

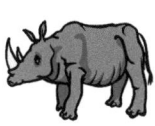

le rhinocéros

каркадан

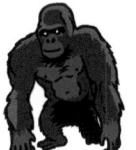

le gorille

горилла

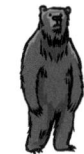

l'ours

хирси бӯр

le chameau

шутур

l'autruche

шутурмурғ

le lion

шер

le singe

маймун

le flamand rose

бутимор

le perroquet

тӯти

l'ours polaire

хирси сафед

le pingouin

пингвин

le requin

наҳанг

le paon

товус

le serpent

мор

le crocodile

тимсоҳ

le gardien de zoo

посбон

le phoque

сил

le jaguar

ягуар

le poney

аспи кӯтоҳқад

le léopard

леопард

l'hippopotame

баҳмут

la girafe

заррофа

l'aigle

уқоб

le sanglier

хуки ваҳшӣ

le poisson

моҳӣ

la tortue

сангпушт

le morse

морж

le renard

рӯбоҳ

la gazelle

ғизол/оху

les sports

варзиш

l'american Football
футболи амрикои

le cyclisme
велосипедронй

le tennis
теннис

le basket-ball
баскетбол

la natation
шиноварй

la boxe
бокс

le hockey sur glace
хоккей

le football
футбол

le badminton
бадмингтон

l'athlétisme
атлетика

le handball
гандбол

le ski
лижаронй

le polo
тӯббозӣ бо асп

les activités
фаъолият

rire
ханда
sauter
паридан
embrasser
оғӯш гирифтан
marcher
пиёда рафтан
chanter
шеър хондан
rêver
орзӯ кардан
prier
ибодат кардан
faire la bise
бӯса кардан

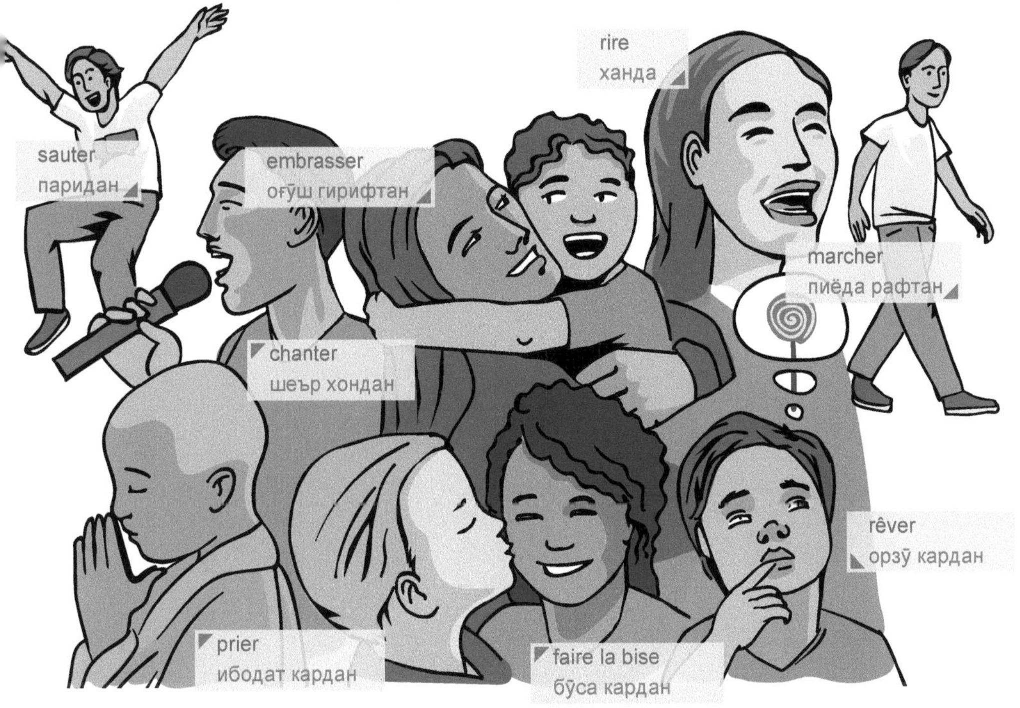

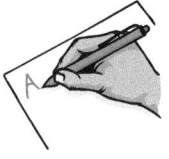

écrire

навиштан

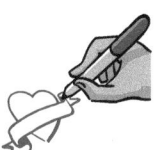

dessiner

кашидан

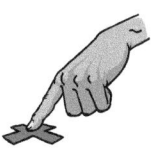

montrer

нишон додан

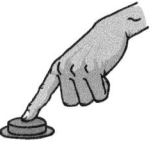

pousser

тела додан

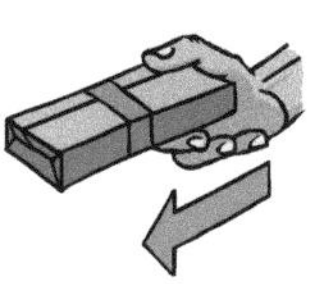

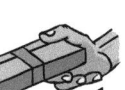

donner

додан

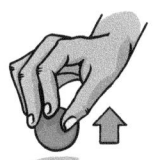

prendre

гирифтан

avoir

доранд

faire

кор

être

бошад

être debout

истодан

courir

давидан

trier

кашидан

jeter

партофтан

tomber

афтидан

être couché

дароз кашидан

attendre

интизор шудан

porter

бардошта бурдан

être assis

нишастан

s'habiller

либос пӯшидан

dormir

хобин

se réveiller

бедор шудан

regarder

нигоҳ кардан

pleurer

гиря кардан

caresser

сила кардан

peigner

шона

parler

гап задан

comprendre

фаҳмидан

demander

пурсидан

écouter

гӯш кардан

boire

нӯштдан

manger

хӯрдан

ranger

ғундоштан

aimer

ишқ

cuire

ошпаз

conduire

рондан

voler

парвоз кардан

faire de la voile

бо бодбон ҳаракат кардан

calculer

ҳисоб кардан

lire

хондан

apprendre

омӯхтан

travailler

кор

se marier

оиладор шудан

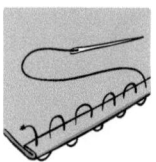

coudre

дӯхтан

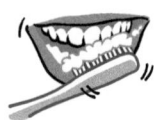

brosser les dents

дадон шӯстан

tuer

куштан

fumer

дуд

envoyer

фиристодан

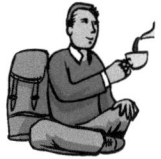

la famille
оила

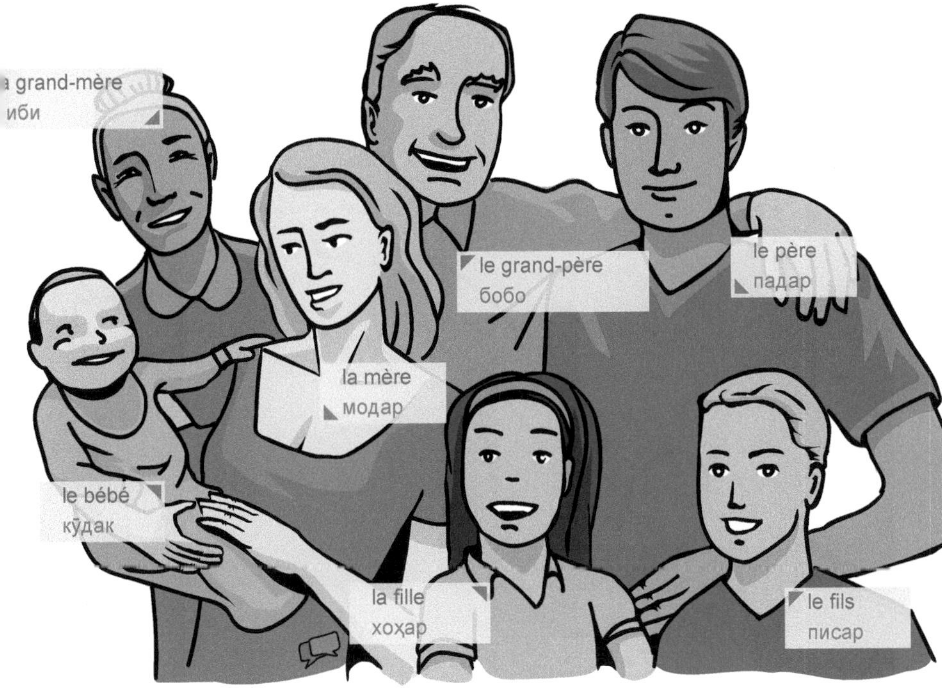

a grand-mère
иби
le grand-père
бобо
le père
падар
la mère
модар
le bébé
кӯдак
la fille
хоҳар
le fils
писар

l'hôte
....
меҳмон

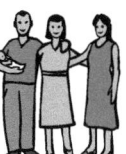

la tante
....
хола

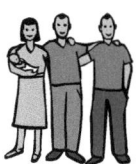

l'oncle
....
амак

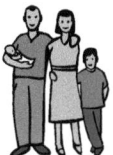

le frère
....
бародар

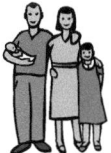

la sœur
....
хоҳар

le corps
бадан

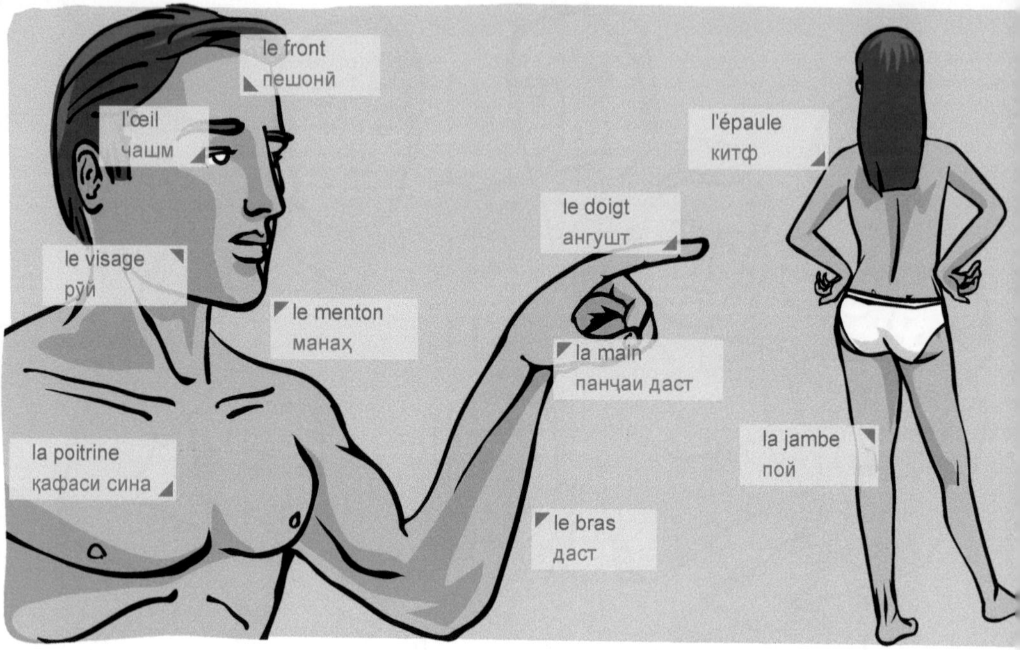

le front
пешонӣ

l'œil
чашм

l'épaule
китф

le doigt
ангушт

le visage
рӯй

le menton
манаҳ

la main
панҷаи даст

la poitrine
қафаси сина

la jambe
пой

le bras
даст

le bébé

кӯдак

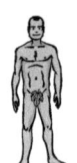

l'homme

мард

la femme

зан

la fille

духтар

le garçon

писар

la tête

сар

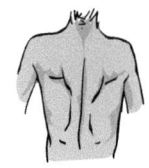

le dos

пушт

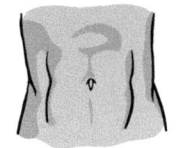

le ventre

шикам

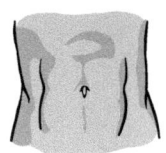

le nombril

ноф

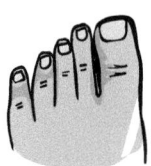

l'orteil

ангушти пой

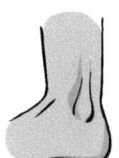

le talon

пошнаи пой

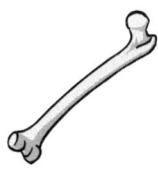

l'os

устухон

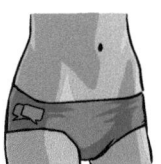

la hanche

рон

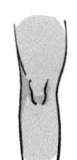

le genou

зону

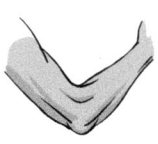

le coude

оринч

le nez

бинй

les fesses

таг

la peau

пӯст

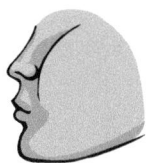

la joue

рухсора

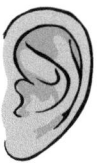

l'oreille

гӯш

la lèvre

лаб

la bouche

даҳон

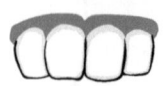

la dent

дадон

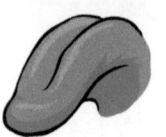

la langue

забон

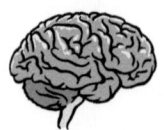

le cerveau

майнаи сар

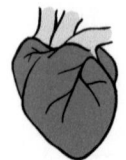

le cœur

дил

le muscle

мушак

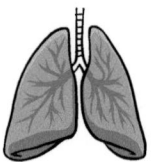

les poumons

шуш

le foie

ҷигар

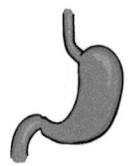

l'estomac

меъда

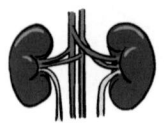

les reins

гурдаҳо

le rapport sexuel

алоқаи ҷинсӣ

le préservatif

рифола

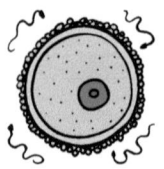

l'ovule

тухмҳуҷайра

le sperme

нутфа

la grossesse

ҳомиладорӣ

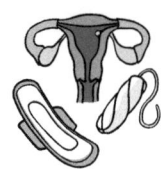

la menstruation

ҳайз

le vagin

маҳбал

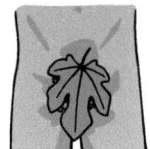

le pénis

кер

le sourcil

абрӯ

les cheveux

мӯй

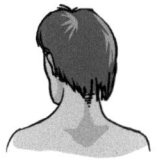

le cou

гардан

l'hôpital
бемористон

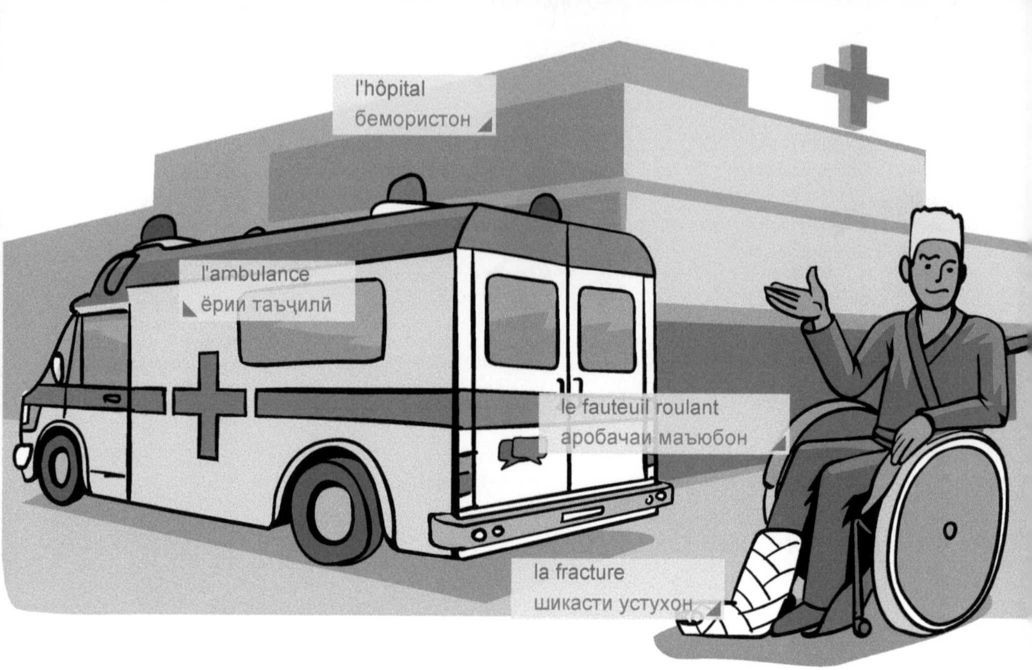

l'hôpital
бемористон

l'ambulance
ёрии таъчилӣ

le fauteuil roulant
аробачаи маъюбон

la fracture
шикасти устухон

le médecin

духтур

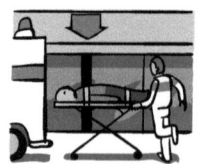

le service des urgences

ҳучраи ёрии фаврӣ

l'infirmière

ҳамшираи тиббӣ

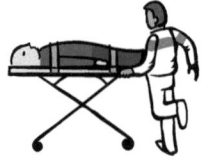

l'urgence

ҳолати фавкулодда

inconscient

беҳуш

la douleur

дард

la blessure

чароҳат

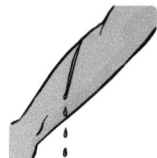

l'hémorragie

хунравй

la crise cardiaque

дилзанак

l'attaque cérébrale

сактаи майна

l'allergie

аллергия

la toux

сулфа

la fièvre

табларза

la grippe

грипп

la diarrhée

шикамравй

le mal de tête

сардард

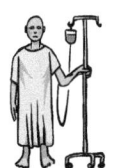

le cancer

саратон

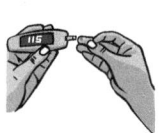

le diabète

диабет

le chirurgien

чаррох

le scalpel

скалпел

l'opération

чаррохй

le CT

Томографияи компютерй

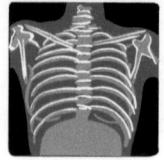

la radiographie

шӯъои ренгенй

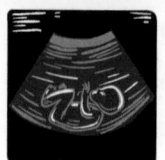

l'échographie

ултрасадо

le masque

ниқоби рӯй

la maladie

беморй

la salle d'attente

ҳуҷраи интизорй

la béquille

асобағал

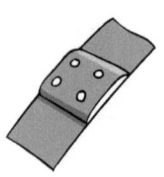

le pansement

марҳам

le pansement

дока

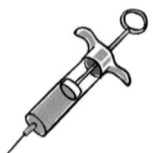

l'injection

сӯзандору

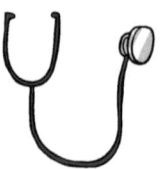

le stéthoscope

стетоскоп

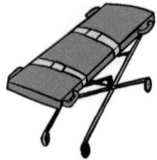

le brancard

занбар

le thermomètre

ҳароратсанҷ

l'accouchement

таваллуд

la surcharge pondérale

вазни зиёдатй

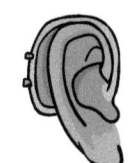

l'appareil auditif

тачҳизоти шунавой

le désinfectant

моддаи безараргардонӣ

l'infection

инфексия

le virus

вирус

le VIH / le sida

ВИЧ / СПИД

le médicament

дору

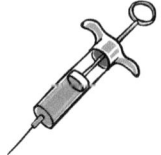

la vaccination

ваксинатсия

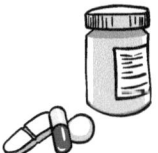

les comprimés

ҳабҳо

la pilule

ҳаб

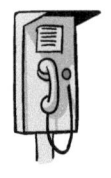

l'appel d'urgence

занги изтирорӣ

le tensiomètre

монитори фишори хун

malade / sain

бемор/солим

Au secours !

Кумак!

l'alarme

ҳушдор

l'assaut

ҳучум

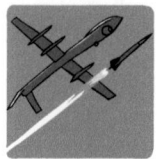

l'attaque

ҳамла

le danger

хатар

la sortie de secours

баромадгоҳи таҳлиявӣ

Au feu!

Сӯхтор!

l'extincteur

оташнишон

l'accident

садама

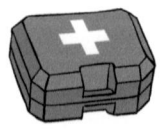

la trousse de premier secours

доруқуттӣ

SOS

бонги хатар

la police

полис

l'Europe

Аврупо

l'Amérique du Nord

Америкаи Шимолӣ

l'Amérique du Sud

Америкаи Ҷанубӣ

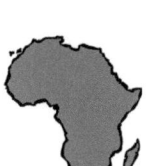

l'Afrique

Африка

l'Asie

Осиё

l'Australie

Австралия

l'Océan atlantique

Уқёнуси Атлантик

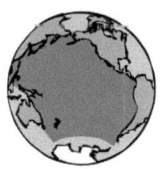

l'Océan pacifique

Уқёнуси Ором

l'Océan indien

Уқёнуси Ҳинд

l'Océan antarctique

Уқёнуси Антарктика

l'Océan arctique

Уқёнуси Арктика

le Pôle nord

Қутби шимол

le Pôle sud

Қутби ҷануб

l'Antarctique

Антарктика

la terre

замин

le pays

замин

la mer

баҳр

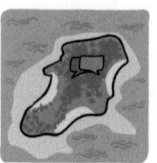

l'île

ҷазира

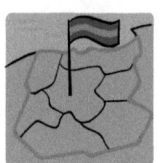

la nation

миллат

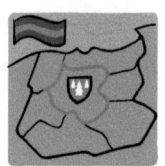

l'état

давлат

le cadran

сиферблат

l'aiguille des heures

ақрабаки соат

l'aiguille des minutes

ақрабаки дақиқашумор

l'aiguille des secondes

ақрабаки сонияшумор

Quelle heure est-il ?

Соат чанд?

le jour

рӯз

le temps

замон

maintenant

ҳозир

la montre digitale

соати электронӣ

la minute

лаҳза

l'heure

соат

la semaine
ҳафта

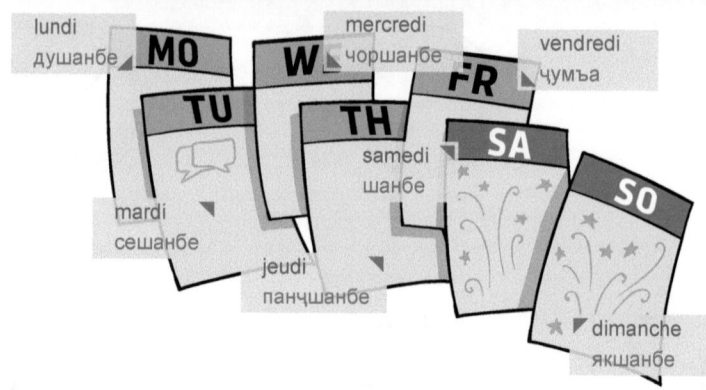

lundi / душанбе
mardi / сешанбе
mercredi / чоршанбе
jeudi / панҷшанбе
vendredi / ҷумъа
samedi / шанбе
dimanche / якшанбе

hier

дирӯз

aujourd'hui

имрӯз

demain

фардо

le matin

пагоҳирӯзй

le midi

нимрӯз

le soir

шом

les jours ouvrables

рӯзҳои корй

le week-end

истироҳат

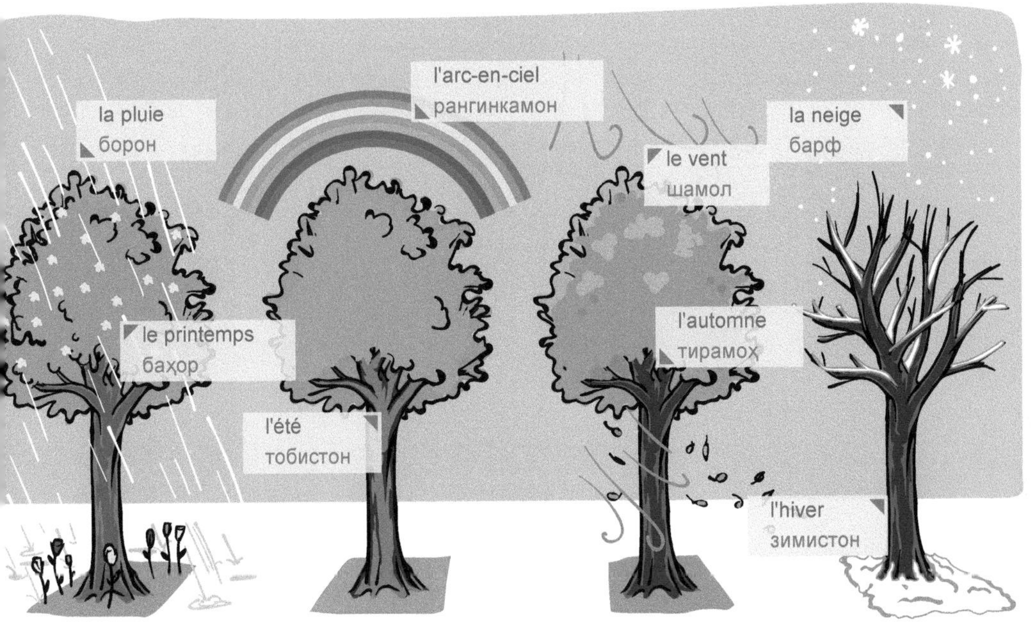

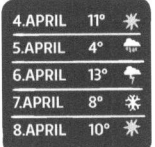

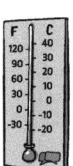

la pluie
борон
l'arc-en-ciel
рангинкамон
la neige
барф
le vent
шамол
le printemps
баҳор
l'été
тобистон
l'automne
тирамоҳ
l'hiver
зимистон

4.APRIL 11°
5.APRIL 4°
6.APRIL 13°
7.APRIL 8°
8.APRIL 10°

la météo

Обу ҳаво

F
C
120
90
60
30
0
-30
40
30
20
10
0
-10
-20

le thermomètre

ҳароратсанҷ

la lumière du soleil

равшании офтоб

le nuage

абр

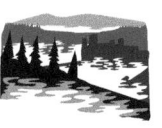

le brouillard

туман

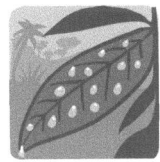

l'humidité

намнок

la foudre

барқ

la tonnerre

тундар

la tempête

тӯфон

la grêle

жола

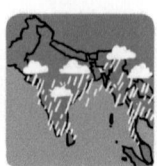

la mousson

муссон

l'inondation

обхезй

la glace

ях

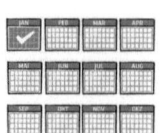

janvier

январ

février

феврал

mars

март

avril

апрел

mai

май

juin

июн

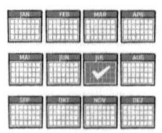

juillet

июл

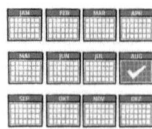

août

август

82   l'année - сол

septembre

сентябр

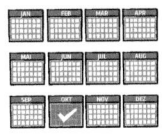

octobre

октябр

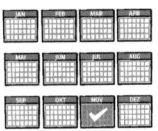

novembre

ноябр

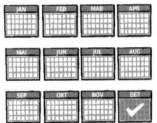

décembre

декабр

les formes

баст

le cercle

давра

le carré

мураббаъ

le rectangle

росткуньа

le triangle

секуньа

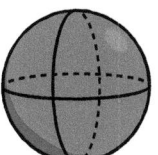

la sphère

соньаи

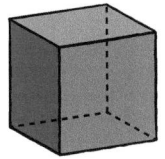

le cube

мукааб

blanc

гулобй

jaune

хокистаранг

orange

зард

rose

бунафшранг

rouge

сурх

violet

қаҳваранг

bleu

кабуд

vert

сиёҳ

marron

кабуд

gris

сафед

noir

сабз

beaucoup / peu

бисёр/кам

fâché / calme

хашмгин / ором

joli / laid

зебо/безеб

le début / la fin

оғози / охири

grand / petit

калон/хурд

clair / obscure

дурахшон / торик

frère / soeur

бародари / хоҳар

propre / sale

тоза/чиркин

complet / incomplet

пурра / нопурра

le jour / la nuit

рӯзи / шаб

mort / vivant

мурдагон / зинда

large / étroit

кушод/танг

comestible / incomestible

хӯрданӣ / хӯрданашаванда

méchant / gentil

бад/нек

excité / ennuyé

ба ҳаяҷон / дилгир

gros / mince

ғавс/борик

le premier / le dernier

якум/охирин

l'ami / l'ennemi

Дӯсти / душмани

plein / vide

пур/холӣ

dur / souple

сахт/мулоим

lourd / léger

вазнин/сабук

faim / soif

гуруснагӣ / ташнагӣ

malade / sain

бемор/солим

illégal / légal

ғайриқонунӣ / ҳуқуқӣ

intelligent / stupide

соҳибақл / беақл

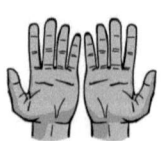

gauche / droite

рост/чап

proche / loin

наздик/дур

nouveau / usé

нави / истифода бурда
мешавад

rien / quelque chose

ҳеҷ / чизе

vieux / jeune

пир/ҷавон

marche / arrêt

оид / хомӯш

ouvert / fermé

кушода/пӯшида

faible / fort

паст/баланд

riche / pauvre

бой/камбағал

correct / incorrect

дуруст/нодуруст

rugueux / lisse

дурушт/ҳамвор

triste / heureux

ғамгин/хушбахт

court / long

кӯтоҳ/дароз

lent / rapide

оҳиста/тез

mouillé / sec

тар/хушк

chaud / froid

гарм / сард

la guerre / la paix

ҷанг / сулҳ

les nombres
ададхо

0

zéro

нол

1

un / une

як

2

deux

ду

3

trois

се

4

quatre

чор

5

cinq

панч

6

six

шаш

7

sept

хафт

8

huit

хашт

9

neuf

нӯх

10

dix

дах

11

onze

ёздах

12

douze

дувоздаҳ

13

treize

сенздаҳ

14

quatorze

чордаҳ

15

quinze

понздаҳ

16

seize

шонздаҳ

17

dix-sept

ҳабдаҳ

18

dix-huit

ҳаждаҳ

19

dix-neuf

нуздаҳ

20

vingt

бист

100

cent

сад

1.000

mille

ҳазор

1.000.000

le million

миллион

l'anglais

англисӣ

l'anglais américain

англисии амрикой

le chinois mandarin

мандарини хитой

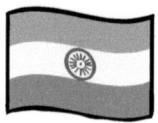

le hindi

ҳиндӣ

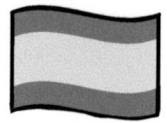

l'espagnol

испанӣ

le français

форонсавӣ

l'arabe

арабӣ

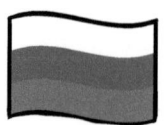

le russe

русӣ

le portugais

португалӣ

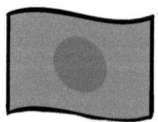

le bengali

бенгалӣ

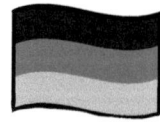

l'allemand

олмонӣ

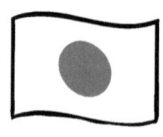

le japonais

ҷопонӣ

je

ман

tu

шумо

il / elle / ce, c', cela

Ӯ / вай / он

nous

мо

vous

шумо

ils / elles

онхо

Qui ?

ки?

Quoi ?

чй?

Comment ?

Чй хел?

Où ?

дар кучо?

Quand ?

кай?

le nom

ном

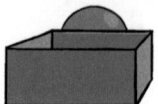

derrière

аз паси

dans

дар

devant

дар пеши

au-dessus

дар болои

sur

дар рӯи

en-dessous

дар зери

à côté de

дар назди

entre

миёни

le lieu

ҷой